NÃO SEI Meditar - COMO FAÇO?

DIÁCONO FERNANDO JOSÉ BONDAN

Não sei Meditar-
COMO FAÇO?

Editora AVE-MARIA

© 2018 by Editora Ave-Maria. All rights reserved.
Rua Martim Francisco, 636 – 01226-000 – São Paulo, SP – Brasil
Tel.: (11) 3823-1060 • Televendas: 0800 7730 456
editorial@avemaria.com.br • comercial@avemaria.com.br
www.avemaria.com.br
ISBN: 978-85-276-1627-0
Capa: Agência GBA
1. ed. – 2018

Todas as citações de trechos bíblicos foram retiradas
da *Bíblia Sagrada Ave-Maria*, da Editora Ave-Maria.

Dados Internacionais de Catalogação na Publicação (CIP)
Angélica Ilacqua CRB-8/7057

```
Bondan, Fernando José
   Não sei meditar : como faço? / Fernando José Bondan. -
São Paulo : Editora Ave-Maria, 2018.
   56 p.

   ISBN: 978-85-276-1627-0

   1. Orações 2. Meditações I. Título
17-1623                                              CDD 242.2
```

Índices para catálogo sistemático:
1- Orações

Todos os direitos reservados e protegidos pela Lei 9.610, de 19/02/1998.
É expressamente proibida a reprodução total ou parcial deste livro,
por quaisquer meios (eletrônicos, mecânicos, fotográficos, gravação
e outros), sem prévia autorização, por escrito, da Editora Ave-Maria.

Diretor Administrativo: Rodrigo Godoi Fiorini, CMF
Diretor Editorial: Luís Erlin Gomes Gordo, CMF
Gerente Editorial: Áliston Henrique Monte
Editor Assistente: Isaias Silva Pinto
Revisão: Ana Lúcia dos Santos e Ligia Pezzuto
Diagramação: Ideia Impressa
Impressão e Acabamento: Gráfica Infante

A Editora Ave-Maria faz parte do Grupo de Editores Claretianos
(Claret Publishing Group).
Bangalore • Barcelona • Buenos Aires • Chennai • Colombo • Dar es Salaam •
Lagos • Macau • Madri • Manila • Owerri • São Paulo • Varsóvia • Yaoundé.

SUMÁRIO

PREÂMBULO – Queres ouvir a voz de Deus?................ 7

1. Leva-me ao deserto!... 9
2. Que método usar para rezar?........................... 17
3. Apesar de tua fraqueza, guardaste as minhas palavras (Ap 3,8) – A leitura e a meditação 27
4. Meditarei em vossas maravilhas (Sl 118,27) 37
5. Um espírito contrito (Sl 50,19) 43
6. A conclusão da meditação................................ 47

RETOMANDO 49

I. Preparando a oração e a meditação 49
II. Quanto à oração e à meditação propriamente ditas:....... 50
III. Quanto à conclusão da meditação: 51

ORAÇÃO FINAL.. 53

PREÂMBULO

Queres ouvir a voz de Deus?

A oração é uma das coisas mais doces e suaves que existem, porque, para o cristão, entrar em comunicação e comunhão com seu Deus é algo maravilhoso!

Orar é conversar com Deus, é adorá-lo como Criador, agradecer-lhe como Pai; é pedir-lhe o que se necessita e suplicar-lhe o seu perdão quando se peca.

Orar é entrar em intimidade divina; lembrar constantemente a Deus de que somos seus filhos e de que Ele é nosso Pai; é lembrar a nós mesmos de que jamais estamos sozinhos, mesmo nos piores momentos de nossas vidas, quando só existe um par de pegadas na areia...

Orar é dialogar com Ele, mesmo que as palavras desapareçam no silêncio e nos olhares dos amantes...

Não multipliqueis as palavras (Mt 6,7).

O autor

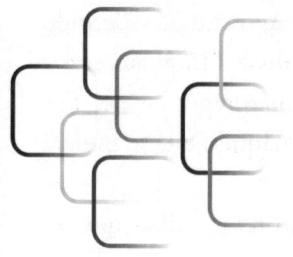 

Leva-me ao deserto!

Deus *nos amou primeiro* (1Jo 4,19). Amou-nos antes de criar-nos; amou-nos ao criar-nos; amou-nos em nosso desenvolvimento; amar-nos-á em nosso envelhecimento; amou-nos em nossa concepção, amar-nos-á em nossa morte. Ele nos amou por primeiro, morrendo na cruz por nosso amor quando ainda éramos inimigos da cruz de Cristo.

Também na oração, Deus quer ser o primeiro, para mostrar o seu amor.

Eu *a atrairei, a conduzirei ao deserto* (Os 2,16ab). Santa atração, que ecoa em todos os corações abertos ao transcendente. Não sentes? Junto do bater do teu coração também bate teu chamado eterno. Fomos feitos para mais do que a existência terrestre: *Na casa de meu Pai há muitas moradas* (Jo 14,2). Santo Agostinho, refletindo sobre sua vida no livro *Confissões*, disse: "Inquieto está o nosso coração, Senhor, enquanto não repousar em Ti". Não busques a paz do teu coração naquilo que só poderá te trazer mais perturbações.

Se buscas neste livrinho como rezar, saibas que foi Deus quem te trouxe até aqui, atraiu-te... Agora, deixa-te levar por Ele ao deserto!

O que é o deserto na oração? É o local do encontro em intimidade com Deus. Moisés esteve quarenta anos no deserto com o povo de Deus até chegar à Terra Prometida. No deserto, subiu o Monte Sinai para receber os mandamentos sagrados do próprio Deus; Elias, também no deserto, subiu ao Monte Horeb para falar com Deus; Jesus foi levado ao deserto para sofrer o combate durante quarenta dias, e Ele *costumava retirar-se a lugares solitários para orar* (Lc 5,16).

Ir ao deserto, ou melhor, ser levado ao deserto significa afastar-se do barulho, da poluição visual, das "pessoas"... Mas como assim? Das pessoas? Sim! Para rezarmos, devemos nos afastar das pessoas temporariamente, alguns momentos, minutos, para dedicarmo-nos à oração e a Deus, em intimidade e exclusividade.

Os santos constantemente buscavam um momento a sós, em lugar retirado ou escondido, para falar com Deus, não só no segredo do seu coração, mas, também, no segredo em relação aos demais.

Leva-me ao deserto!

Deserto, lugar de silêncio aterrador! Nosso mundo não nos permite mais o silêncio. Tudo à nossa volta faz barulho. Quando estamos conversando com as outras pessoas em um lugar barulhento, quase não as ouvimos. Às vezes, o diálogo torna-se impossível. Assim se encontram Deus e a nossa oração hoje: Deus nos fala, mas não escutamos.

Outras vezes, o inimigo se encontra em nós mesmos... Não sabemos ou não conseguimos mais silenciar. Por exemplo: se um jovem se encontra sem celular, *notebook* ou afins, olha em volta e não encontra ninguém que esteja se servindo de um desses utilitários eletrônicos, o que acontece? Ele se angustia, inquieta-se, quer ir logo embora.

Por que essa ausência do silêncio? O que aconteceu? Talvez o homem tenha medo de si mesmo. No fundo, sabemos de nossos defeitos e imperfeições, e mergulhar dentro de nós mesmos é irmos ao encontro de realidades pessoais que nos decepcionam ou que não queremos transformar; é percebermos o quanto este mundo é efêmero e passageiro, que ele não é capaz de satisfazer às nossas exigências mais profundas –, mas, mesmo assim, queremos e desejamos suas riquezas, seus prazeres e poderes...

Madre Teresa de Calcutá, nossa amiga lá do céu, ensina-nos sobre a importância do silêncio na oração: "Deus é amigo do silêncio. Se quisermos rezar de verdade, primeiro temos de aprender a escutar, porque Deus fala no silêncio do coração".[1] O silêncio é, ao mesmo tempo, "condição e fruto" da oração, dizia Madre Teresa.

Portanto, uma das primeiras condições da oração verdadeira é saber silenciar. Certa vez, fiz um retiro e aprendi esta metáfora, que agora quero partilhar: quando nos encontramos à margem de um lago e olhamos para a água, que está calma e serena, enxergamos nosso rosto como em um espelho, com plena nitidez; mas, se olharmos para a mesma água em um dia de muito vento, agitada, talvez não enxerguemos sequer nosso rosto refletido!

Assim é na oração, irmão. Se durante a oração nossa alma está serena, silenciosa e em paz, quando Deus olhar para nós, poderá imprimir em nosso interior a sua imagem, realizando, então, o antigo projeto: *Façamos o homem à nossa imagem*. Mas, se nossa alma, nossa dimensão interior, está agitada e repleta de preocupações, a imagem de Deus não ficará impressa em nós.

Deus fala no silêncio do coração! *Falar-lhe-ei ao coração* (Os 2,16c). Queres ouvir a voz de Deus?

***

O homem não foi feito apenas com a dimensão espiritual, sem vínculo com a matéria, sem ter corpo. Em nos-

---

[1] BONDAN, Fernando José. *Madre Teresa de Calcutá, uma santa para o século XXI*. São Paulo: Ed. Ave-Maria, 2015. p. 112. Madre Teresa foi uma mulher de muita oração! Muitos a conhecem pelas obras de caridade, mas, lendo sua biografia, descobre-se o tempo que ela e suas irmãs se dedicavam para rezar.

sa fé cristã, o corpo não é uma espécie de "prisão" da alma, como afirmavam Platão e muitos de seus seguidores. O corpo foi feito com carinho e maestria por Deus, como um oleiro que preparou com grande arte seu vaso. O autor, inspirado, escolheu justamente a imagem do oleiro fazendo o corpo do homem, para mostrar o carinho que Deus tem por ele (cf. Gn 2,7; Jr 18,5s). Deus soprou seu *ruah* nas narinas do homem e ele se tornou um ser vivo.

Desse modo, o corpo também tem uma função na oração. Sua postura deve ajudar o homem a rezar bem, a entrar com mais facilidade em contato com Deus e com o tipo de oração que realiza. Deus disse a Moisés: *Tira as sandálias dos teus pés, porque o lugar em que te encontras é uma terra santa* (Êx 3,5). Até hoje, em certos lugares do Oriente, para se rezar no templo, devem-se retirar os calçados. Esse gesto traz ao sujeito a consciência de que aquele lugar é sagrado e de que se está na presença do Deus tremendo e santo!

Jesus, nosso Mestre e modelo, rezou de joelhos, mas também rezou de pé. Os Evangelhos nos dizem que, no Getsêmani, Ele, *prostrando-se com a face por terra, assim rezou* (Mt 26,39); no início de sua oração sacerdotal, antes de qualquer palavra, *levantando os olhos ao céu, disse: Pai, é chegada a hora* (Jo 17,1).

Nossos santos nos ensinaram o mesmo. Deve-se buscar na oração a postura mais adequada para se alcançar uma boa oração. Algumas posturas já nos são conhecidas: rezar de pé pode ser sinal de alegria, tempo de Páscoa e Ressurreição, enquanto rezar de joelhos pode ser sinal de penitência e conversão. Os santos que foram mestres em oração nos dizem que não existe posição na qual não se possa rezar; o importante é que o nosso espírito e a nossa mente estejam em sintonia com o nosso corpo, de forma que este ajudará a mente a direcionar-se espiritualmente, e esta refletirá no corpo o que vive.

É evidente que o principal é o interior; mas, como o homem forma uma unidade com seu corpo, ambos, corpo e espírito, devem caminhar juntos. Hoje, diz-se que o homem é um ser psicossomático. O que significa isso? Que, pela unidade que existe entre corpo e psique, uma mente saudável auxilia em um corpo saudável, e vice-versa. É o clássico ditado dos gregos: "mens sana, corpore sano".

O hábito não faz o monge, mas ajuda!

Deus estabeleceu, em sua sabedoria, que pelas coisas sensíveis nos elevemos às inteligíveis. Explicando melhor: nós temos cinco sentidos – tato, olfato, visão, audição e paladar –; ora, os sentidos podem nos ajudar a rezarmos melhor. A Liturgia é um exemplo disso:

- em certos dias, temos o odor do incenso, lembrando-nos a divindade; ou o cheiro das velas acesas;

Leva-me ao deserto!

- tocamos nos ramos de oliveira com as mãos; sentimos a água benta em nossa pele quando aspergida; damo-nos as mãos para rezar;
- vemos o Círio Pascal entrar aceso na Igreja escura; a fumaça do incenso subir ao alto; o cálice ser elevado;
- escutamos os cantos e os instrumentos, e até os ruídos;
- saboreamos o gosto da hóstia santa.

Foi Deus quem planejou tudo isso. Somos homens, e não anjos!

Embora nossa dimensão corpórea seja importante, não devemos exagerar e cair em escrúpulos. Se uma pessoa fica doente, de cama, e não consegue rezar de joelhos como sempre faz, será que sua oração terá menos valor diante de Deus? Nesse caso, irmão, existe até uma possibilidade de crescimento: o enfermo terá de rezar mais de acordo com a vontade de Deus do que com a sua própria.

2

Que método usar para rezar?

Nunca podemos nos esquecer de que a oração é mais obra de Deus do que nossa. Nós podemos nos preparar, acender uma vela, abrir a Bíblia e trazer um Rosário, colocarmo-nos na presença de Deus e silenciar, até que a agitação dos pensamentos e do corpo serene; mas foi ELE quem nos conduziu ao deserto, lembra-te? O mais importante é estarmos abertos e deixar-nos conduzir pelo Espírito Santo, o Mestre da vida interior e da vida de oração: *o Espírito vem em auxílio à nossa fraqueza; porque não sabemos o que devemos pedir, nem orar como convém, mas o Espírito mesmo intercede por nós com gemidos inefáveis* (Rm 8,26).

Ao longo dos séculos, Deus inspirou diversas escolas, correntes ou tradições de espiritualidade. Cada uma delas nos trouxe alguma contribuição para a vida de oração, para a vida interior. Muitas dessas escolas criaram verdadeiros "métodos" de como rezar, meditar, contemplar... Mas devemos deixar claro: os métodos são caminhos, não fins em si mesmos. Não existem métodos absolutos que sirvam para todos, em todos os lugares e em todas as épocas!

No "Tratado sobre a oração", no *Catecismo da Igreja Católica*, há uma frase que considero grande, de imensa sabedoria, a respeito da oração pessoal: "Sem dúvida, *existem tantos caminhos na oração, quantos orantes*, mas é o mesmo Espírito que atua em todos e com todos" (CIC 2672).

Isso significa que cada um de nós precisa aprender a rezar! Sim! Rezar é algo que se aprende. Portanto, para além de qualquer grande método de oração da História, cada cristão deve buscar, também, o seu caminho próprio de oração. Nem todas as devoções servem a todos.

Passemos agora a algumas dicas concretas para quem quer aprender a rezar. Lembra-te: são apenas dicas, cheias de sabedoria consagrada pelos séculos, mas dicas. É o Espírito Santo quem lapidará essas dicas para que se ajustem ao teu "tamanho". Apenas abre-te, confia, reza...

1) Faça, pelo menos, de 15 a 30 minutos de oração diária. A preferência é que sempre seja pela manhã, antes de qualquer outra tarefa; mas, dependendo de tuas

condições e deveres (como doença, trabalho, cuidado de bebês etc.), que seja à hora mais propícia.

2) Prepara o ambiente e os objetos que serão utilizados – ou que se supõe serem utilizados (vela, Bíblia, terço etc.). A caminhada de cada um ditará os "gostos pessoais", mas não te apegue demais, senão correrás o risco de "parar a escalada da montanha no meio do caminho". Sempre avança para águas mais profundas. Hoje, existe um consenso sobre a Bíblia como "lugar privilegiado de oração e encontro com Deus".

3) Procura retirar-te ao deserto, buscando o silêncio, principalmente interior, mas, também, exterior. Sei que, no nosso mundo, às vezes não conseguimos silêncio nem mesmo em um cantinho de casa. Quando isso acontecer, só restará um "cantinho" para nos recolhermos: o cantinho do nosso coração. Talvez uma música religiosa, em volume baixo, possa te ajudar um pouco, mas, se, mesmo assim, não conseguires desligar-te dos barulhos externos, oferece teu sacrifício ao Senhor como *oferenda e sacrifício de agradável odor* (Ef 5,2). Um local privilegiado seria, sem dúvida, o sacrário, na Igreja. Já conheci pessoas piedosas que visitavam o sacrário todos os dias.

4) Coloca-te na presença de Deus, em silêncio, por alguns instantes, minutos. Se vens do trabalho,

de uma caminhada, aguarda, senta, serena teu corpo e teus pensamentos, até que todo o teu biorritmo esteja normalizado. Quando vamos rezar, não devemos ter pressa! Ali está o tempo de Deus, que não é medido pelo relógio; é o "momento da graça" (*kairós*, do grego). Qual o problema se ficares em oração durante uma hora em vez de trinta minutos?

Existe outro segredo em "colocar-se na presença de Deus". Se, durante a tua oração, conseguires sempre ter isso presente na tua mente e no teu coração, que estás rezando e meditando na presença de Deus, com certeza muitas de tuas distrações não ocorrerão durante a oração. Mentaliza, imagina que o Senhor está diante de ti, recebendo tuas preces, respondendo às tuas dúvidas, como um amigo sentado ao teu lado ou à tua frente. Deita a cabeça no colo de Jesus como o fez João (cf. Jo 13,25)...

5) Invoca o Espírito Santo. Esse é o grande método de toda oração. Abre-te ao Espírito Santo para que Ele possa rezar em ti! Paulo disse que somos fracos e não sabemos orar como convém; então, o Espírito Santo vem em auxílio de nossa fraqueza e ora em nós *com gemidos inefáveis.*

Os padres do deserto – monges que se dedicaram à ciência e à vivência da oração no início do cristianis-

Que método usar para rezar?

mo – disseram-nos que, após certo tempo de uma vida intensa de oração, esta tomava posse deles, e eles permaneciam, então, em um tipo de "estado de oração contínuo". Como eles buscavam *rezar sem cessar*, conforme o ensinamento de Jesus, mesmo durante o sono da noite pronunciavam gemidos, suspiros e palavras inefáveis, suscitadas pelo Espírito Santo.

Além do Espírito Santo, nossos santos recomendaram que, no início das orações, invoquemos o Santo Anjo da Guarda, o santo de nosso nome (onomástico), o santo do dia de nosso nascimento etc.

Para fazermos as invocações iniciais em um momento de oração, a sabedoria eclesial nos ensina a servirmo-nos de orações decoradas, formuladas, prontas. Por que isso? Porque as orações decoradas, como o Pai-nosso e a Ave-Maria, são orações importantíssimas, bíblicas, ensinadas pelo próprio Jesus Cristo ou pelo Espírito Santo. São riquíssimas em ensinamentos espirituais e teológicos.

Outras orações, como o tradicional "Vinde, Espírito Santo", também foram inspiradas e consagradas pelo uso dos santos e da Igreja. Algumas até foram consideradas dignas de serem usadas na Liturgia. O "Vinde, Espírito Santo" é uma antífona usada na Liturgia galicana ou francesa do século XII!

Existem ainda composições novas de grande inspiração e das quais podemos nos servir, uma vez que o Espírito Santo não cessou de agir e iluminar.

Outro dado curioso sobre as orações decoradas é que elas são extremamente didáticas. Sim, didáticas! Elas nos ensinam a rezar!

Quando éramos bebês, nossos pais foram nos ensinando as primeiras palavras, para, depois, formarmos frases, e assim por diante. A linguagem é um processo de aprendizado, e a oração também. As orações decoradas vão nos ensinando as primeiras palavras dialogais, cheias de unção e respeito, com as quais devemos nos relacionar e conversar com Deus. Elas nos ensinam que, com Deus, não se fala de qualquer jeito! Deus é o "três vezes SANTO" (cf. Is 6,3), o Criador do universo.

O problema surge quando não saímos desse método inicial, quando todas as nossas orações se resumem a recitar fórmulas, caindo em um automatismo rotineiro que pode nos levar à frieza e à indiferença: *Este povo somente me honra com os lábios; seu coração, porém, está longe de mim*, disse o Senhor (Mt 15,8). Eis uma tentação constante na vida de oração.

Não pensa, querido leitor, que temos muito domínio sobre isso. Quase nenhum! Daí a importância do terço e das orações formuladas, pois nosso espírito, nossa condição humana, nossas vicissitudes não nos permitem estar sempre em "estado de oração" para que brotem verdadeiras e profundas orações em espírito e verdade. Elas são o alfabeto dos que sempre querem aprender a rezar; e, quando tua condição não te permitir rezar de forma alguma, agradece ao Senhor pelas orações formuladas!

***

Costuma-se distinguir as orações em *vocais* e *mentais*.

As orações vocais são aquelas pronunciadas pela boca, geralmente a partir de fórmulas prontas. São muito usadas quando estamos rezando em grupo ou na Liturgia.

Já as orações mentais consistem em um falar com Deus a partir do coração, não tanto com fórmulas, mas espontaneamente, tal como se conversa com um amigo. É uma oração de intimidade e amor. Nessa forma de oração, nem sempre cabem palavras. A ação do Espírito Santo nos leva para águas mais profundas.

Conta-se que São João Maria Vianney, o Cura d'Ars, passava horas diante do sacrário, ao ponto de despertar a curiosidade dos fiéis. Um dia, perguntaram-lhe:

– Padre, o que o senhor diz para Jesus quando está na frente do sacrário? O Senhor passa horas em oração... O que fala para Ele?

E o Cura d'Ars respondeu:

– Não digo nada...

Não sei meditar. Como faço?

— Como assim?! Não diz nada?
— É muito simples, meu filho. Eu olho para Ele e Ele olha para mim...

A oração mental quer despertar em nós principalmente afeto e amor por Deus. Quando existe intimidade de amor entre duas pessoas, um casal idoso, por exemplo, nem sempre são necessárias palavras. A experiência da vida e do amor ensina a conhecer o parceiro em intimidade, ao ponto de bastar um olhar ou gesto e pronto! O(A) companheiro(a) já sabe se magoou, agradou, alegrou...

É tão bonito esse tipo, esse grau de amor, em que o casal costuma se antecipar com atenções recíprocas. Conhecendo que a esposa sente frio nas pernas enquanto assiste ao programa de TV, ao chegar o horário, o esposo já traz consigo um cobertorzinho e cobre-lhe as pernas. A esposa olha para ele com gratidão e amor; sabendo que, após o almoço, seu esposo já espera um cafezinho forte e com pouco açúcar, lá está ela, em sua solicitude amorosa, trazendo o café na xícara de seu gosto, e o esposo diz: "Amor, como adivinhou?".

Talvez, essa imagem do casal que se ama há um longo tempo seja um bom exemplo para compreendermos a oração mental. Quando crescemos em nosso amor a Deus, na experiência da oração, porque rezamos muito e com grande amor, nós também vamos conhecendo nos-

Que método usar para rezar?

so companheiro cada vez mais e melhor; vamos aprendendo a como chegar até Ele, a como lhe falar ou não, a olhá-lo com os olhos abertos ou fechados.

A oração mental produz intimidade e conhecimento entre os amantes.

3

Apesar de tua fraqueza, guardaste as minhas palavras (Ap 3,8) – A leitura e a meditação

Após as primeiras dicas para se iniciar um momento de oração, queremos entrar no centro, naquilo que podemos chamar propriamente de "oração", o que nos leva a dois tópicos: a leitura e a meditação.

As leituras *espirituais* fazem parte da vida de oração. Elas são como gravetos e galhos jogados na fogueira do amor, para que esta nunca se apague. Na História do povo de Deus na Antiga e na Nova aliança, a Palavra de Deus sempre teve a primazia, principalmente por meio do livro dos Salmos, o livro de oração, por excelência, da Bíblia. Os Salmos são orações compostas sob inspiração do Espírito Santo para serem cantadas.

Dentre os cento e cinquenta Salmos de Davi, existem orações para as mais variadas circunstâncias da vida: nascimento, morte, doença, saúde, gratidão, louvor, trabalho, virtudes, família... Tudo isso fez com que os Salmos se tornassem o centro das orações dos clérigos e religiosos. Essas orações estão compendiadas no livro que chamamos "Liturgia das horas". Os monges, mesmo no deserto, tinham nos Salmos sua principal forma de oração, rezando os cento e cinquenta diariamente.

Por que essas orações tão belas são tão importantes? Porque são orações que surgiram a partir da vida. Não são eloquência ou retórica, mas brotaram das experiências diárias e concretas que o povo de Deus viveu em sua caminhada de fé.

Outro dado belíssimo é que os Salmos são uma espécie de "oração de família". Neles, estão contidas orações e reflexões de nossos antepassados na fé. Entre nós, cristãos, e essas orações existe um vínculo de fé. Rezá-las é, de certo modo, entrar em contato com as nossas raízes.

Conto um fato da minha vida: meu pai e minha mãe já são falecidos. Havia uma oração que só meu pai rezava antes do almoço, nos dias festivos, quando toda a família se reunia na casa deles. Eu a achava bonita, mas, como jovem, não dava muita atenção a ela naquela época.

A leitura e a meditação

Passado certo tempo do falecimento dele, quis rezá-la na minha casa, como nostalgia, saudade, raiz, mas principalmente porque me lembra da importância da família reunida e unida. Tive de fazer certo esforço, mas consegui recordá-la direitinho e, hoje, em momentos festivos, rezo-a com minha família. Como é gostoso! E como me faz bem! Por que conto isso? Porque ajuda a explicar o que os Salmos são: orações de família, orações que nos dão identidade, orações que mostram as raízes da nossa fé. Quando as rezamos, devemos ter esse sentimento conosco e não pensar que elas são "apenas" orações.

Além dos Salmos, sem dúvida, os livros bíblicos que apontam para a vida de oração e meditação do cristão, no Novo Testamento, são os Evangelhos de Mateus, Marcos, Lucas e João. O motivo é evidente: esses livros relatam a vida, os ensinamentos e as obras do nosso Divino Salvador, Jesus Cristo. Somente juntos eles são completos, porque cada Evangelho enfatizou ou registrou parte dos acontecimentos, não o todo (cf. Jo 20,30s; 21,25).

Mateus é o evangelista que mais registrou os discursos de Jesus, o que Ele disse "à viva voz". Em seu Evangelho, está o belíssimo "Sermão da Montanha" (cap. 5-7), que traz as oito bem-aventuranças.

Marcos, discípulo do apóstolo Pedro, transmitiu-nos relatos impressionantes da vida de Jesus, em detalhes que tornam possível até mesmo "visualizar" as cenas.

Lucas, discípulo do apóstolo Paulo, médico e pintor – segundo a tradição –, legou-nos o relato da Anunciação e da infância de Jesus; três hinos, que são usados até hoje na liturgia da Igreja – *Benedictus*, *Magnificat* e *Nunc dimittis* –; e as parábolas da misericórdia, como a da ovelha perdida, a da moeda perdida e a do filho pródigo (cf. Lc 15).

João, o apóstolo, foi o último dos quatro a escrever. Ele quis completar alguns dados não apresentados pelos outros evangelistas. Por ser um Evangelho tardio, João já pôde fazer "teologia", aprofundar sua mensagem. O início de seu Evangelho, chamado "Prólogo", marcou todas as épocas por afirmar a divindade de Jesus Cristo em sua Encarnação.

Se fizermos uma comparação com o corpo humano, podemos dizer que os Evangelhos, na Bíblia, são como o coração no corpo, que pulsa e leva vida à Igreja inteira.

Dentre os quatro Evangelhos, três são muito "parecidos": Mateus, Marcos e Lucas. Por essa razão, eles são chamados de *sinóticos*, isto é, *semelhantes*. O Evangelho de João, justamente por não ser sinótico, é proclamado em ocasiões especiais, como a Semana Santa, a Páscoa, algumas festas marianas etc.

***

Fiz questão de apresentar rapidamente os Salmos e os Evangelhos, a fim de mostrar a você, leitor, que, na hora de meditar um texto espiritual, os textos bíblicos

A leitura e a meditação

são precedentes. Ademais, não é necessário escolher um texto a esmo, ao acaso, pois podemos seguir o método e o discernimento da Igreja. E como podemos fazer isso?

Aqui, peço desculpas aos leitores mais avançados nos conhecimentos litúrgicos, pois falarei da forma mais simples possível.

A Igreja já tem escolhidos os textos da Bíblia que serão lidos durante o período de três anos, os textos de cada dia! Assim, nas missas e celebrações do mundo inteiro, do Vaticano à mais simples capela da periferia, são lidos os mesmos textos bíblicos. É praticamente a Bíblia inteira que se lê diariamente, durante esses três anos ou ciclos. Ora, para nós que queremos rezar e meditar com os textos bíblicos – especialmente os Evangelhos –, basta nos servirmos desses textos já escolhidos pela Igreja. Está tudo pronto e em sintonia com a Igreja espalhada por toda a Terra.

"Mas como faço para encontrar os textos do dia?". Como resposta, darei algumas dicas:

- ✓ algumas paróquias possuem o "Diretório Litúrgico", um pequeno livro anual com a liturgia de cada dia. O Diretório Litúrgico é uma orientação oficial sobre Liturgia para o nosso país, sob a responsabilidade da Conferência Nacional dos Bispos do Brasil (CNBB). Mas se não houver em tua paróquia, saibas que está à venda na livraria católica mais perto de ti;

Não sei meditar. Como faço?

- ✓ há editoras que publicam mensalmente o "Liturgia diária" ou o "Igreja em oração". Nesse livrinho, parecido com uma pequena revista, pode-se encontrar a liturgia da missa e as leituras bíblicas do mês inteiro;
- ✓ há, também, a venda de "agendas litúrgicas", em que constam as leituras bíblicas de cada dia;
- ✓ se tens acesso ao mundo virtual, fica fácil! Pululam na internet *sites*, *blogs* e afins que trazem a liturgia diária, muitas vezes até comentada. Cito a seguir os mais conhecidos, mas existem muitos outros que, com caridade e solicitude, servem aos irmãos:

a. Ave-Maria: https://goo.gl/F6fLgV

b. Canção Nova: https://goo.gl/Km22jV

A leitura e a meditação

c. CNBB: https://goo.gl/kpCddE

d. Loyola: https://goo.gl/t6YbrV

e. Paulus: https://goo.gl/P1HbXi

Certamente, com um desses recursos descritos acima, conseguirás acompanhar a Liturgia e as leituras bíblicas diárias que a Igreja proclama e medita no mundo para a evangelização dos homens.

As leituras de outros livros espirituais.

Todos os autores espirituais são unânimes em recomendar a leitura espiritual dos escritos dos santos, dos Santos Padres da Igreja e de autores espirituais de renome. O motivo é óbvio: seus escritos e suas biografias revelam suas caminhadas espirituais, suas vitórias e suas derrotas, de forma que, muitas vezes, podemos enxergar a nós mesmos nesses escritos e deles tirar frutos espirituais para as nossas vidas.

Digamos que, depois da Bíblia, sempre devemos ter em nossa cabeceira algum livro de espiritualidade. Alguns desses livros se tornaram clássicos pela beleza da descrição da ação de Deus em nossa vida interior (filocalia) e pela profundidade doutrinária, apesar da simplicidade que os envolve. Em outras palavras, são doces como mel: *Quão saborosas são para mim vossas palavras! São mais doces que o mel à minha boca* (Sl 118,103).

Embora o versículo se refira diretamente à Palavra de Deus, não devemos nos esquecer de que Deus nos fala, também, por meio de seus santos, cheios do Espírito Santo!

Se após trinta e cinco anos de leituras, sendo a maioria sobre espiritualidade, alguém me perguntasse hoje "além da Bíblia, que livro de espiritualidade o se-

A leitura e a meditação

nhor me recomendaria para eu, que estou começando, ler?", eu não teria dúvidas: *Filoteia*, do grande doutor da Igreja São Francisco de Sales. Além de ser um livro de espiritualidade, é um livro que "ensina" a rezar e a meditar! Que maravilha!

Também recomendo: *Confissões*, de Santo Agostinho; *Imitação de Cristo*, de Tomás de Kempis; *O Diálogo*, de Santa Catarina de Sena; *Castelo interior* e *Caminho da perfeição*, de Santa Teresa d'Ávila; *História de uma alma*, de Santa Teresinha do Menino Jesus; *Do grande meio da oração*, *A prática do amor a Jesus Cristo*, *Visitas ao Santíssimo Sacramento e à Virgem Maria*, *Relógio da Paixão* e *Glórias de Maria*, de Santo Afonso Maria de Ligório; e *Tratado da verdadeira devoção à Santíssima Virgem*, de São Luís Maria Grignion de Montfort.

Acredito que, com esses, já se pode começar, não é mesmo?

Além desses livros escritos pelos santos, também é maravilhoso ler e meditar livros que discorram sobre eles, como biografias, por exemplo.

4

Meditarei em vossas maravilhas (Sl 118,27)

A meditação cristã é de uma riqueza imensa e pouco conhecida, e está bem distante de certas meditações e práticas orientais que vemos na sociedade atual. Ela quer conduzir o homem cada vez mais à união com Deus, formando naquele a imagem de Cristo e inserindo-o, assim, na própria vida da Santíssima Trindade. Por isso, Cristo é o caminho da meditação cristã, que leva ao Pai no Espírito Santo; e é o Espírito Santo que gera em nós, por meio da meditação, a imagem do Filho de Deus. O próprio Senhor Jesus afirmou: *Eu sou o caminho, a verdade e a vida; ninguém vem ao Pai senão por mim* (Jo 14,6).

Não se deve estranhar, portanto, que as principais meditações dos santos ao longo dos séculos tenham sido a Paixão, a Morte e a Ressurreição de Nosso Senhor Jesus Cristo, o crucifixo e a crucificação, a presença de Jesus na Eucaristia, o Sagrado Coração de Jesus, o Santíssimo Nome de Jesus etc. Seria um grande erro à meditação cristã buscar uma espécie de "vazio interior", que no cristianismo não faz sentido algum. O cristão busca a DEUS, não o NADA.

A meditação cristã também se distingue daquelas correntes espiritualistas que apregoam que "tudo é deus", ou seja, as panteístas (*pan* = tudo; *theos* = deus). O deus panteísta – tão propagado aqui no Brasil pelo Movimento *New Age* – está ligado à noção de "energia", de "força"; mas essa "energia" não é uma *pessoa*: ela não tem vontade ou pensamento, nem memória; é uma energia que pode até ser manipulada pelos homens.

O Deus cristão, por sua vez, é um Deus *pessoal.* Na verdade, é *um Deus em três pessoas distintas: Pai, Filho e Espírito Santo.* Eis porque, na meditação cristã, não se busca energização ou uma espécie de vazio que flui pelo cosmos mas, sim, busca-se esse único Deus e cada uma das divinas Pessoas. Queremos falar com Deus, queremos amar a Deus, demonstrar-lhe nosso amor e pedir o d'Ele, e, quem sabe, vê-lo *face a face* (1Cor 13,12).

Como meditar?

O termo "meditação", no cristianismo, passou por uma evolução histórica e, assim como ocorreu com ou-

Meditarei em vossas maravilhas (Sl 118,27)

tros temas da religião, cada Escola ou tradição espiritual católica assumiu uma explicação diferente. É bem verdade que, nos pontos essenciais, há concordância, mas também há diferenças. Por isso, não te assustes pela grande liberdade que vou usar aqui.

Devemos saber que a meditação tem duas finalidades: uma intelectual e outra afetiva. A intelectual busca compreender mais e melhor o amor que Deus tem por nós; a afetiva busca mover a vontade ao exercício do amor e à sua manifestação, isto é, o colóquio afetuoso e amoroso com o Senhor.

Os autores clássicos costumam escrever meditações a respeito do mistério celebrado, do texto lido etc. e, logo após, inserem uma oração que busca levar o orante a colher os frutos da meditação, despertar o amor e levá-lo à prática da caridade e do amor ao próximo. Esse é um método, uma pedagogia orante muito boa, principalmente para os que estão começando a descobrir a oração em sua vida. Mas devo dizer que à medida que avançamos para as águas mais profundas da experiência, as finalidades intelectual e afetiva da meditação começam a se "misturar", por assim dizer.

Por exemplo: você está lendo pausadamente a parábola do semeador (cf. Mt 13,1-9), segundo a qual um agricultor foi lançar sementes. Estas caíram em quatro tipos de terreno diferentes: três inférteis e um fértil. Ora, vamos supor que, por tantas vezes que já ouviste essa parábola, sabes que a semente é a Palavra de Deus. Tua imaginação, tua lembrança te fazem recordar de tua mãe, que, com muito amor, sempre te falou da fé e da Palavra de Deus quando estava em casa. Agora, ela já é falecida. Sentes nostalgia, saudade dela, e diz ao Senhor: "Meu Deus, eu te agradeço pela mãe que eu tive, por ela ter me transmitido a fé e nunca ter desistido de mim, mesmo quando estive envolvido com drogas e vida ruim. Cuide dela, Senhor, e cuide de mim, para que eu possa ser um pouquinho do que ela foi e ter a fé que ela teve...". Quando cessarem as palavras (vocais ou mentais), podes retomar a leitura de onde parou, ou permanecer em santo recolhimento, conforme o Espírito conduza.

Percebes? Da leitura da Palavra brotaram uma meditação e uma oração simples, bela, destituída de artifícios. Estão tão unidas que quase não se pode dizer o que é uma e o que é a outra. Apenas deixa-te conduzir pelo Espírito.

É verdade que o texto bíblico tem uma interpretação oficial; porém, enquanto a nossa meditação não contradisser o "oficial", está tudo bem. O dogma está preservado.

Para auxiliar na mentalização do texto e na meditação, na compreensão do texto escolhido, podem-se fazer algumas perguntas:

Meditarei em vossas maravilhas (Sl 118,27)

1. Quem?
2. Quando?
3. Onde?
4. O que aconteceu?
5. Qual a mensagem que posso tirar para a minha vida?

Ou ainda: 1. O que o texto conta? 2. O que o texto me diz? 3. O que o texto me faz dizer a Deus?

Contudo, o principal método permanece sempre o mesmo: *não vos preocupeis nem pela maneira com que haveis de falar, nem pelo que haveis de dizer: naquele momento ser-vos-á inspirado o que haveis de dizer. Porque não sereis vós que falareis, mas é o Espírito de vosso Pai que falará em vós* (Mt 10,19-20).

5

Um espírito contrito (Sl 50,19)

Dentro do nosso tema, gostaria ainda de falar sobre a "confiança filial" e o "coração arrependido e humilhado", duas disposições interiores essenciais para o bom orante cristão.

É de Deus, nosso Pai, que se origina toda paternidade no céu e na terra. Ora, se nossos pais souberam ser bons, ótimos, queridos, amorosos, providentes conosco, imagina o quão superior é Deus a todas essas qualidades paternas, visto que Ele é a origem de todas elas: *Pedi e se vos dará. Buscai e achareis. Batei e vos será aberto. Porque todo aquele que pede, recebe. Quem busca, acha. A quem bate, abrir-se-á. Quem dentre vós dará uma pedra a seu filho, se este lhe pedir pão? E, se lhe pedir um peixe, dar-lhe-á uma serpente? Se vós, pois, que sois maus, sabeis dar boas coisas a vossos filhos, quanto mais vosso Pai celeste dará boas coisas aos que lhe pedirem* (Mt 7,7-11).

O orante que, com fé e amor, coloca-se na presença de Deus, seu Pai, deve saber que não deve, jamais, vacilar em seu coração. Pelo Batismo, a Santíssima Trindade habita em nós! Pelo batismo, tornamo-nos "filhos de Deus": *Considerai com que amor nos amou o Pai, para que sejamos chamados filhos de Deus. E nós o somos de fato (...) Caríssimos, desde agora somos filhos de Deus, mas não se manifestou ainda o que havemos de ser. Sabemos que, quando isso se manifestar, seremos semelhantes a Deus, porquanto o veremos como ele é* (1Jo 3,1-2).

Na vida de oração, talvez nada agrade mais a Deus do que um coração contrito e humilhado; um coração que se reconhece pecador e necessitado da graça salvadora. Deus não resiste a tais corações: *Meu sacrifício, ó Senhor, é um espírito contrito, um coração arrependido e humilhado, ó Deus, que não haveis de desprezar* (Sl 50,19). Essa corrente espiritual dos autênticos filhos de Deus entra em cheio na espiritualidade da oração, como o demonstra a parábola do fariseu e do publicano, tão bem conhecida de todos nós.

De um lado, o fariseu que se considera justo, cumpridor da Lei de Moisés. Sua oração é um agradecimento por ser soberbo. De outro, o publicano que não ousou

Um espírito contrito (Sl 50,19)

aproximar-se das partes mais sagradas do templo, nem *sequer levantar os olhos ao céu, mas batia no peito, dizendo: Ó Deus, tem piedade de mim, que sou pecador! Digo-vos: este voltou para casa justificado, e não o outro. Pois todo o que se exaltar será humilhado, e quem se humilhar será exaltado* (Lc 18, 13-14).

Poderíamos nos perguntar: "O que é essencial na postura e na oração do publicano que fez com que ele agradasse a Deus e o outro, não?". A resposta é: ele se reconheceu pecador e pediu perdão!

Eis uma das condições essenciais da verdadeira, da boa oração e meditação: colocar-se na presença de Deus sem peneiras, sem coberturas ou recheios; como pecadores que somos, reconhecendo-nos necessitados da graça salvífica de Deus. *É o angustiado que atrai meus olhares, o coração contrito que teme minha palavra* (Is 66,2).

6

A conclusão da meditação

A conclusão deve acontecer ao final dos 15, 30 ou 60 minutos em que te propuseste a rezar e meditar.

"Não posso ficar mais tempo que isso, se tiver vontade?". Sim, sem dúvida, mas a experiência espiritual nos ensina que observar 15 minutos de meditação diária, com fidelidade, sem falha, traz mais fruto do que permanecer por 2 horas, hoje, nesse momento, porque se sentiu "bem", mas amanhã falhar, isto é, não rezar nem meditar.

Aqui, aplicamos um pouco do que chamamos de "direção espiritual". Nosso livrinho não nos permite entrar muito no tema. Basta saber que muitas pessoas que se aventuram na oração e na meditação profundas se servem, por vezes, de alguém mais experimentado na vida espiritual para orientá-las conforme apareçam dificuldades ou dúvidas. Esse costume teve origem com os monges da antiguidade. Nos dias atuais, muitos padres e religiosos assumiram esse papel. Basta lembrarmo-nos dos padres que dirigiram espiritualmente Madre Teresa de Calcutá.

Em breve, devo terminar um livro que é praticamente um tratado completo de espiritualidade, em que um dos temas será "direção espiritual".[2]

E então, o que se faz na conclusão da meditação? Basicamente, o seguinte:

a) Faz-se uma oração de agradecimento ou louvor por esse momento tão agradável junto do Senhor. Podem-se utilizar, por exemplo, o *Magnificat* de Maria (Lc 1,46-55); o *Benedictus* de Zacarias (Lc 1,68-79); o *Nunc dimittis* do velho Simeão (Lc 2,29-32); algum hino ou cântico que toque teu coração e que traga esse tema; ou uma oração espontânea.

b) Ramalhete espiritual – consiste em escolher, do texto que foi meditado, um versículo, ou uma frase, que tenha falado muito ao teu coração e guardá-lo de memória ou em uma anotação, para que muitas vezes ao dia possas trazer à mente esse versículo e meditá-lo novamente ou, simplesmente, lançá-lo ao alto pelas mãos do teu anjo, a fim de que chegue à presença do trono de Deus como fumaça de incenso; uma forma de oração semelhante ao que chamamos de "jaculatórias".

---

[2] Se Deus quiser, chamá-lo-ei "Santificação no mundo".

RETOMANDO

I. Preparando a oração e a meditação:

a) reservar, de preferência pela manhã, 15 a 30 minutos para a oração diária;
b) preparar o ambiente e os objetos necessários (Bíblia, livro, terço, vela, crucifixo, via-sacra etc.);
c) retirar-se ao deserto (cantinho), buscando o silêncio interior e exterior;
d) colocar-se na presença de Deus até se sentir bem tranquilo;
e) invocar o Espírito Santo, o Anjo da Guarda, o Santo do Nome etc.; rezar algumas orações decoradas que falam ao coração; deixar-se possuir, refletir.

II. Quanto à oração e à meditação propriamente ditas:

a) leituras bíblicas – a leitura, de preferência, deve ser da Palavra de Deus, e deve-se seguir o método da Igreja (marcar na Bíblia o texto do Evangelho do dia; pode-se ler também um Salmo antes do Evangelho, sendo o mesmo da liturgia do dia ou não);
b) leituras espirituais – recomendam-se os livros dos santos ou livros sobre os santos;
c) meditação – a meditação pode ser intelectual, afetiva ou mista; o que se busca na meditação é compreender e viver efetivamente o amor de Deus;
d) para auxiliar na mentalização do texto e na meditação, na compreensão do texto escolhido, pode-se fazer algumas perguntas: Quem? Quando? Onde? Por quê? Qual a mensagem? Ou: a) O que o texto narra? b) O que o texto me diz? c) O que o texto me faz dizer a Deus?

Mas o principal método sempre será a invocação e a entrega ao Espírito Santo! Devemos sempre nos aproximar de Deus com confiança de filhos, equilibrada por um coração humilde, e arrependidos dos pecados.

III. Quanto à conclusão da meditação:

a) uma oração de agradecimento ou louvor, bíblica ou espontânea;
b) um "ramalhete espiritual", que pode ser um versículo ou pensamento que mais tocou o teu coração. Traze-o à memória várias vezes durante o dia, para meditá-lo ou usá-lo como jaculatória.

ORAÇÃO FINAL

Gostaria de concluir este livro com uma oração que muito fala ao meu coração e que é dedicada ao Coração de Maria:

Ó Coração de Maria! O mais amável e compassivo dos corações depois do de Jesus, trono das misericórdias divinas em favor dos miseráveis pecadores; eu, reconhecendo-me extremamente necessitado, acudo a Vós, em quem o Senhor tem colocado todo o tesouro de suas bondades com pleníssima segurança de ser por vós socorrido. Vós sois meu refúgio, meu amparo, minha esperança; por isso, Vos digo e Vos direi em todas as minhas dificuldades e perigos: "oh doce Coração de Maria, sede a minha salvação!".

Quando a enfermidade me afligir, ou me oprimir a tristeza, ou o espinho da tribulação chagar a minha alma, oh doce Coração de Maria, sede a minha salvação!

Quando o mundo, o demônio e minhas próprias paixões coligadas para minha eterna perdição me perseguirem com suas tentações e quiserem fazer-me perder o tesouro da divina graça, oh doce Coração de Maria, sede a minha salvação!

Na hora de minha morte, naquele momento espantoso do qual depende minha eternidade, quando aumentarem as angústias de minha alma e os ataques de meus inimigos, oh doce Coração de Maria, sede a minha salvação!

E quando minha alma pecadora se apresentar diante do tribunal de Jesus Cristo para prestar-lhe conta de toda a sua vida, vinde Vós a defendê-la e a ampará-la, e, então, agora e sempre, oh doce Coração de Maria, sede a minha salvação!

Estas graças espero alcançar de Vós, oh Coração amantíssimo de minha Mãe, a fim de que possa ver-vos e gozar de Deus em vossa companhia por toda a eternidade no Céu. Amém!

(Com aprovação eclesiástica.)

Informações sobre a Editora Ave-Maria

Para conhecer outros autores e títulos da
Editora Ave-Maria, visite nosso site em:
www.avemaria.com.br
e siga nossas redes sociais:

facebook.com/EditoraAveMaria
instagram.com/editoraavemaria
twitter.com/editoravemaria
youtube.com/EditoraAveMaria